VOLUME 2

JULIO S. SAGRERAS

SECOND LESSONS FOR GUITAR

Las Segundas Lecciones de Guitarra

English Adaptation By
BERNARD A. MOORE

RICORDI AMERICANA

Associated Music Publishers, Inc. Sole Selling Agent for the U.S.A.

DISTRIBUTED BY

HAL•LEONARD®
CORPORATION

7777 W. BLUEMOUND RD. P.O. BOX 13819 MILWAUKEE, WI 53213

Prolog

Como fruto de la experiencia de mi larga carrera profesional, (tengo cuarenta y un años de maestro) doy hoy a la publicidad "Las Segundas Lecciones" a la que seguirán inmediatamente "Las Terceras Lecciones", "Las Cuartas Lecciones" y "Las Quintas Lecciones" ya también concluídas y "Las Sextas Lecciones" en preparación.

Creo con ello hacer obra buena, porque facilito la misión de los maestros y me consideraré muy satisfecho si estos nuevos métodos llegan a tener el éxito de "Las Primeras Lecciones".

Es indudable que la guitarra ha adelantado enormemente tanto en su ejecución como en el número de sus adeptos, de treinta años a esta parte.

Yo mismo he tenido que evolucionar respecto a la escuela, lo que hice a raiz de venir por primera vez a este país el insigne Meguel Llobet, hace unos veintitrés años.

En algunas ocasiones vuelve mi imaginación hacia los recuerdos del pasado guitarrístico y recuerdo con cariño mis alumnos de hace treinta o treinta y cinco años, entre ellos muchos profesionales y algunos de mucho valía, debiendo citar en primer término a Antonio Sinópoli, Carlos Pellerano, Rodolfo Amadeo Videla, Victoria Testuri y varios más, de los cuales el primero, es hoy día un profesional de mucha fama y bien merecida.

Pero no obstante el adelanto que se ha operado en la guitarra, los métodos de enseññanza en general no estan hoy día de acuerdo, pues aunque existen grandes obras, como Coste, Sor, Aguado y otros, ninguna de ellas está hecha para que el alumno pueda seguir estudiando en forma progresiva y además, existen en esos métodos y en otros muchos, estudios con modalidades muy anticuadas con respecto a la moderna escuela de Tárrega, de manera, que aun en el caso de compilarlos en orden de dificultad, no llenarían su finalidad, sin ser previamente modernizados.

Ya, vez pasada, hablamos algo al respecto con mi distinguido colega D. Domingo Prat, para hacer en conjunto un trabajo en ese sentido, pero las ocupaciones de ambos impidió que siguieran adelante los proyectos tendientes a ese fin.

Como se podrá apreciar en la simple lectura de "Las Segundas Lecciones", todos sus estudios están digitados con una minuciosidad tal vez exagerada, pero de acuerdo con el refrán de que, "lo que abunda no daña", creo que no se mirará mal esa exageración, máxime, cuando ello economizará palabras al maestro, pués el alumno tendrá mayor facilidad en la lectura de los estudios.

He tratado también de hacer agradable el aprendizaje para los alumnos, haciendo los estudios divertidos en lo posible y de caracter completamente variado, lo que ayudará mucho para que los alumnos tomen más interés en el estudio, y además, para que aprendan a tratar los temas musicales más diversos.

En fin, se me perdonará mi poca modestia, pero creo que la publicación de mis nuevos métodos ayudará a la mayor difusión del estudio de la guitarra y lo facilitará.

Resulting from the experience of my long musical career (43 years teaching), I publish today, "The Second Lesson Book". The third, fourth, and fifth books are already completed and will follow soon. The sixth book is being prepared now.

I believe that this publication is beneficial because it facilitates the teachers job. I will be proud if this book has the same success as the first one.

There is no doubt that guitar has progressed greatly in the last thirty years--in developement of technique as well as in the number of its devotees.

I have changed myself in respect to the school since the famous Miguel Llobet came to this country for the first time twenty three years ago. Sometimes my imagination goes back to guitaristic remembrances and I remember my students 30-35 years ago--most of them professionals now and some of them very important. Among them are, Antonio Sinopoli, Carlos Pellerano, Rodolfo Amadeo Videla, Victoria Testuri and more. Of these, the first is a professional with deserved fame.

Nevertheless, their progress on guitar and their methods of teaching are not in accord although there are great methods such as Coste, Sor, Aguado, and others--none of these allow the student to continue studying in a progressive form. Also, because these methods have outdated techniques in relation with Tarrega's school, they will not fulfill their objective without being modernized.

I had arranged with my distinguished colleague, D. Domingo Pratt, to do a paper on that subject but our business did not permit us to continue with our project.

In reading the Second Lesson Book, everyone will appreciate that all the lessons concern fingerings. . .very much in detail, perhaps exaggerated. But, according to the popular proverb, "that which is abundant cannot hurt. I believe that these lessons are not exaggerated because they will save the teacher effort in teaching and give the student more facility.

I have tried to make learning agreeable for the student making the lessons as diverse as possible and complete and varied in character. This will help the student to get interested in learning and to deal with various musical themes.

In conclusion, if you will forgive my lack of modesty, I believe that the publication of my new methods will help to spread and facilitate the study of guitar.

Translator's Note

It is my wish to form a bridge for the student leading to the understanding of the guitar through the words and music of Mr. Sagreras, a true guitarist who understands the needs of the Student.

Bernard Moore
Guitarist

Las Segundas Lecciones
Guitarra

By Julio S. Sagreras

Los arrastres que están marcados en este estudio, son para hacer efectivo el correr do los dedos de la mano izquierda sobre las cuerdas y no para que suenen en su recorrido; son más bien, para que el alumno se acostumbre a esa modalidad, que es muy conveniente.

Dicha costumbre trae como resultado, que los movimientos de la mano izquierda sean más parejos y regulares, pues obliga a la mano a marchar en forma paralela al mango; además debe recordarse esta cuestión de lógica si el dedo se levanta, para volver a pisar la cuerda en otro sitio, hay que acertar dos cosas: sitio y cuerda, y si en cambio, se corre, hay que acertar una sola: el sitio.

Hay aun otra razón: para las obras de carácter melódico y suave, resultan más suaves y ligadas sus frases.

The slides which are marked in this lesson are for ease of fingering only and should not be heard.

"Sliding" enables the hand to change position with more ease and sureness, training the left hand to move in a parrallel form up and down the neck of the instrument. Besides, let us remember that this is a question of logic: If the fingers are raised in order to depress the strings in another place, one must be concerned with two things-- the position and the strings. But, if in the change, one slides, only the position need be considered.

En este estudio de octavas, puede emplearse también únicamente el pulgar y el índice de la mano derecha, pero es más conveniente la digitación indicada.

In this study of octaves, it is necessary to use only the thumb and the index finger of the right hand. However, it is more beneficial to use the fingering indicated.

4

Téngase presente en este estudio, hacer bien efectivas las acentuaciones marcadas y tener cuidado de hacer resaltar el canto, que es todas aquellas notas que tienen palito hacia arriba y en cambio, debe restarse fuerza al acompañamiento que no lleva nota de canto, como por ejemplo el do-mi, último golpe del cuarto compás: los dos golpes do-mi, del octavo compás, etc.

The purpose of the lesson is to improve the rest strokes -- marked. Care should be taken to give notes their full value and not to cut them short. For example, the do-mi (C & E) of the last two beats f the fourth measure and the last two beats (do-mi) (C & E) of the eighth measure should receive their full value and not be cut short.

Tiempo de Zamba

Este estudio de terceras es únicamente para pulgar e índice de la mano derecha y debe oirse algo más fuerte la nota pulsada por el dedo pulgar.

This lesson is for the thumb and index finger of the right hand only. The notes played by the thumb should be louder than those played by the index finger.

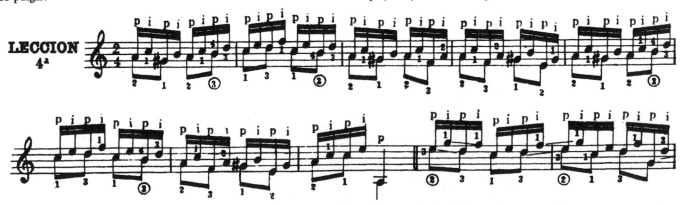

(córranse los dedos en todos los sitios que hay arrastre)

(Slide the fingers quickly without lifting them from the strings — where indicated by lines between the notes. This sliding is NOT to create a musical affect but only to enhance the ease of fingering.)

AMP-7777

En este estudio, el bajo (que hace el canto) debe sobresalir netamente, a cuyo efecto no solamente se le debe dar más fuerza sino que también debe restarse fuerza al acompañamiento.

In this lesson, the bass should stand out clearly not only to give it more volume but also to provide contrast for the accompaniment.

(córranse los dedos en todos los sitios que existan arrastres)
(second finger does not lift off the string from e to f♯ to e.)

AMP-7777

6

Hay que hacer destacar el canto en forma neta, no solamente dando mayor fuerza al canto cuyas notas van acentuadas con el signo ∧ sino restándole fuerza a todas las demás notas.

En el compás N.° 1 de la segunda parte, se presenta un caso de lo que en guitarra se llama "campanella", que resulta del hecho de que una cuerda inferior, produzca un sonido más agudo que la superior, mientras ésta produce el sonido al aire.

One must make the piece powerful in a pure and neat form, not only giving force to the accented notes indicated with the sign ∧ but to the accompaniment notes as well.

In the seventeenth measure, a chord is presented which combines an open second string with a chord fingered in the fifth position. This produces an airy effect which cannot be achieved otherwise.

En este estudio, hay que tratar de hacer destacar netamente las notas acentuadas que son las que llevan el signo ∧ sobre o debajo de las notas; para que el efecto resalte mejor, es conveniente restarle algo de fuerza a las demás notas que no están acentuadas.

Deben acentuarse promunciadamente las notas que llevan el signo ∧.

In this lesson, the accented notes should be clearly emphasized. These are the ones marked with ∧ (rest stroke) above or below the note. It is also helpful to reduce the force of those notes which are not accented.

The notes which carry the sign ∧ should be most pronounced.

8

El maestro debe ya desde este estudio melódico, que es muy fácil, empezar a iniciar al alumno en la interpretación delicada de la melodía.

En la segunda parte tendrá que tener también cuidado el maestro en la explicación que deberá dar al alumno, respecto de la síncopa que se inicia en el tercer compás de la segunda parte, y también en recordarle, o mejor dicho, hacerle ver que en esta parte, con excepción del final, el canto lo hace el bajo y por lo tanto debe darse más fuerza a éste, restándoselo a las notas altas que es el acompañamiento.

Una de las preocupaciones del alumno, es hallar en la guitarra la ubicación de las notas que se deben tocar fuera de su sitio natural; sin embargo nada es más fácil. Téngase en cuenta esto: de la 1.ª a la 2.ª cuerda hay la diferencia de cinco semitonos o divisiones; de la 2.ª a la 3.ª cuerda, cuatro semitonos o divisiones y conco divisiones o semitonos entre todas las demás.

Ahora bien, para hallar la ubicación de una nota que debe ser tocada fuerá de su sitio natural, si es de la prima a la segunda, se suman cinco, sobre la cantidad de divisiones o semitonos que tiene la nota de la prima y la suma de ambas divisiones o semitonos dará la ubicación de la nota en la segunda.

Ejemplo práctico: el la de la 1.ª cuerda está en "quinto" traste; pues bien: cinco y cinco, diez; quiere decir que esa nota se encuentra en el décimo traste de la segunda cuerda. Ahora cuando se quiere buscar la ubicación de una nota de la segunda, en la tercera cuerda, se hace la misma operación, pero en lugar de agregarle cinco, se le agrega nada más que cuatro, porque esa es la diferencia de divisiones o semitonos, entre esas cuerdas como antes se ha dicho.

Como lógica consecuencia, cuando una nota de la prima quiere buscarse en la tercera, al número de divisiones de la nota de la prima, se le agrega nueve, que es la suma de divisiones o semitonos de la prima a la segunda y de la segunda a la tercera. En cambio, cuando una nota de la tercera quiere buscarse en la quinta se le agregan diez, porque es la suma de las divisiones o semitonos que existen entre estas dos cuerdas. Para facilitar aun más esta busca, téngase presente, que en la octava alta de las notas al aire, o sea cuando termina el mango de la guitarra uniéndose a los aros, la división es la número doce, de manera que si yo por ejemplo quiero buscar el fa♯ de la prima, segundo traste, en la tercera, sumo dos, más nueve, once; voy directamente a la octava alta de la 3.ª al aire y retrocedo una división, o sea traste N.º 11.

The teacher ought to begin now, with this melodious piece which is very easy, to instruct the student in the delicate interpretation of melody.

In the second part, the teacher must be careful in the explanation that he gives the student, paying attention to the time which begins' in the third measure, page 9. He should also remind him that in this part, with the exception of the last two measures, the bass sings and more emphasis should be given to it, diminishing the loudness of the notes in the accompaniment.

One of the student's problems is to find the position of the notes which are not played in their basic position. Note, that from the first string to the second there is a difference of five semitones; from the second to the third string, four semitones and five semitones between the rest.

In order to find the location of a note that must be played out of its basic position, if it is from the first to the second string, five semitones must be added to the total number of semitones on the first string and the addition of semitones will give the location of the note on the second string. Example: the note on the first string is on the fifth fret. Five plus five is ten. So that means that this note is located on the tenth fret of the second string. When the player wants to find the location of a note on the third string, the same procedure should be followed, but instead of adding five semitones only four need to be added because this is the difference in semitones between these strings.

And, following logically, when a note is to be found on the third string, 9 is added to the number of semitones of the note on the first string, that is, the addition of the number of semitones from the first string to the second string (5) and from the second string to the third (4). On the other hand, when a note that is found on the third string is to be played on the fifth string, ten is added because this is the sum of the semitones which exist between these two strings.

To facilitate this, find the octave of any open string by counting 12 frets which equals twelve semitones. It may be helpful, when counting frets to think of the open string as zero (0) then frets 1, 2, 3, 4, etc. Also, one can find the octave of an open string by noticing the fret that is located where the neck joins the body of the guitar. For example, F♯ (Fa♯) which is located on the first string, second fret: If the student wishes to find this note on the third string, then I would add 9 (semitones) + 2 = 11. I go directly to the higher octave of the third open string (12th fret) and go back a semitone to the 11th fret.

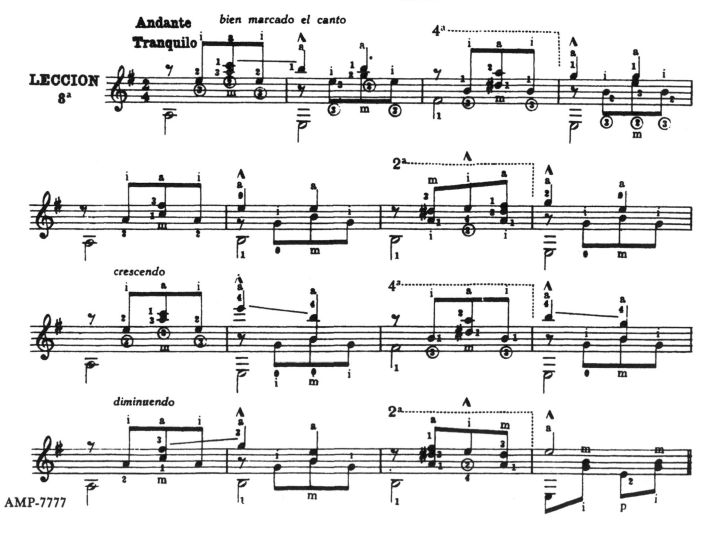

(Córranse los dedos en todos los sitios que existen arrastres).

(Slide the fingers where indicated.)

Tiempo de Barcarola

LECCION 10ª

Hay que poner atención en las notas acentuadas y en el empleo exacto de los dedos de la mano derecha que están marcados.

Pay attention to the accented notes and use only the right hand fingerings marked.

Tiempo de Vals

LECCION 11ª

Este estudio, es una especie de canción-barcarola de carácter suave y delicado y de acuerdo con ello deberá tratarlo el alumno.

En el primer compás, el golpe la-do ♯ deberá ser tocado un poco más fuerte para que el sonido perdure bien hasta el golpe siguiente que es el mi de la sexta al aire, el que deberá ser pulsado muy suave para que no moleste la continuación del sonido del golpe anterior y lo mismo se hará en los casos similares.

En el quinto y sexto compás debe hacerse oir claramente el doble canto.

The student should observe that this piece is smooth and delicate. In the first measure, the beat la-do ♯ (A & C♯) should be played a little harder so that the sound lasts through the following beat (Note tie) which is the mi (E) of the sixth string. This should be played smoothly so that the flow is not interrupted.

In the fifth and sixth measures you ought to hear double notes.

(córranse los dedos cuando hay arrastres)

(Notice where fingers do not lift off strings.)

AMP-7777

En la ejecución de los ligados descendentes, el dedo que debe aplicar mayor fuerza, no es el dedo que hace el ligado, sino el dedo que queda apretando la nota inferior y que tiene que resistir firmemente para que no se mueva la cuerda al tirar hacia afuera el dedo de la nota inicial para producir el ligado.

En general, existe la tendencia de hacer lo contrario en todos los alumnos, cuando empiezan a hacer ligados. El maestro deberá prevenir esto al alumno.

Bien acentuada la primera nota del ligado.

In the execution of descending legato, as in measure 1, place fingers three and four of the left hand firmly in position on the desired notes (F & E) simultaneously. With the right hand, pluck the bass note D and the melody note F simultaneously. Produce the legato and pluck the E by pulling the fourth left hand finger towards the palm of the hand (thus sounding the E). (Note: right hand is not used in the playing of this note E). It is helpful to apply more pressure to the finger holding down the lower note to stabalize the string--in this case, the third finger.

Legato means connected.

Este estudio es también de carácter melódico y deberá tocarse lento, de acuerdo al "Adagio" marcado en su comienzo.

La segunda parte especialmente deberá ser ejecutada bien y delicadamente cantada, haciendo efectivos los arrastres que existen.

This study is of melodic character and should be played slowly, "Adagio", especially the second part.

14

Hay que poner mucha atención en hacer resaltar las notas acentuadas y en el empleo exacto de los dedos de la mano derecha marcados.

One must pay attention to making the accented notes stand out and to use the fingers of the right hand exactly as they are marked.

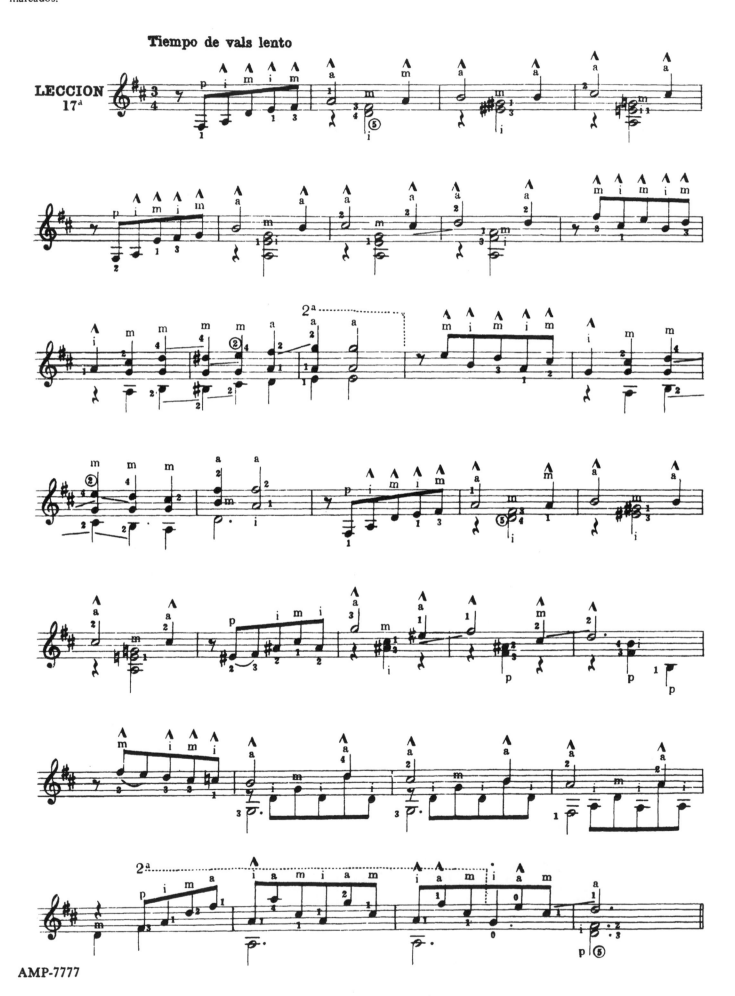

Nunca repetiré demasiado, por más que lo haga, la importancia que tiene en la música de guitarra el tratar de hacer destacar bien netamente las notas del canto, a cuyo efecto y lo repito una vez más, no solamente deben acentuarse con más fuerza sus notas, sino que también debe restarse fuerza a las demás Así por ejemplo, en el primer compás, el "la" y el "si" altos, deben tener doble fuerza que el resto de las notas del compás. Es muy importante siempre también, el correr los dedos de la mano izquierda sobre las cuerdas, cuando no es absolutamente necesario levantarlos; a ese efecto y siguiendo el ejemplo de Coste, he marcado con arrastres esos casos. Estos arrastres, no están marcados a los efectos que suenen en su recorrido, sino para tener la ventaja consiguiente en el cambio de posición, pues el cambio en esas condiciones resulta más parejo, siendo el movimiento paralelo al mango y además, si se levantara el dedo en lugar de correrlo, habría que acertar cuerda y sitio y no levantándolo hay que acertar solamente el último.

When practicing the guitar, nothing is repeated too much. The object is to bring the notes out smoothly as well as with force. It is important to slide the fingers of the left hand on the strings when it is not necessary to raise them–I have marked these places. The slide will simplify changing position.

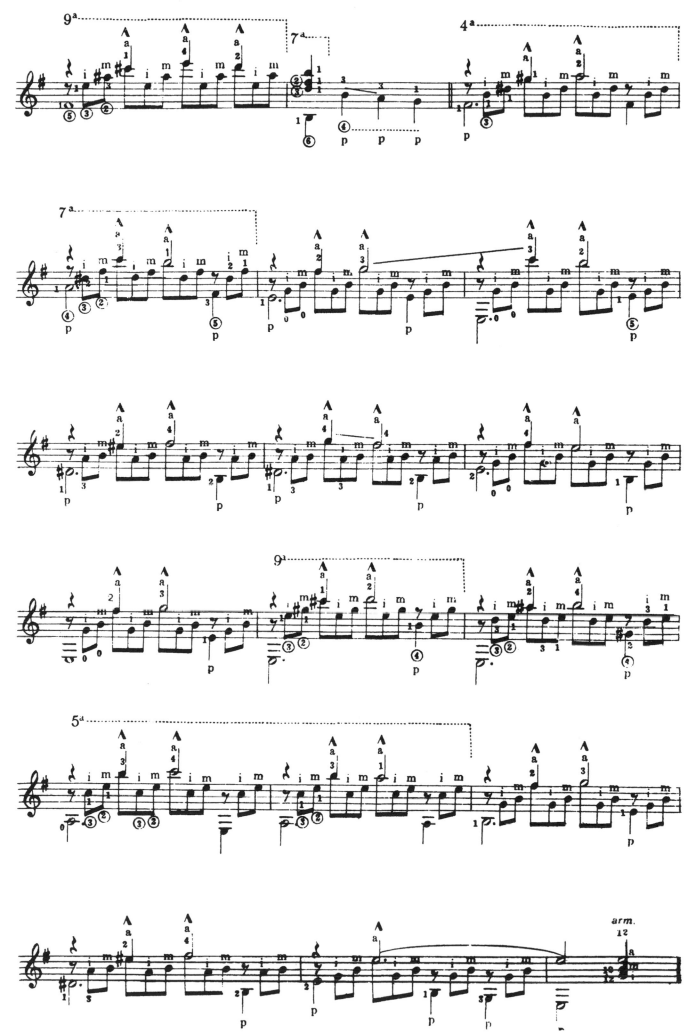

En este estudio, el canto está en las notas intermedias que son todas aquellas que tienen el signo ∧.

De acuerdo con ello, dichas notas hay que pulsarlas con mayor fuerza y acentuarlas.

En el séptimo compás de la segunda parte, hay dos notas de canto que no tienen el signo ∧ y son "mi" de la quinta y "re" de la misma cuerda, las que están marcadas con una "p"; esas notas, aunque no tienen puesto su signo de acentuación, deben ser pulsadas un poco más fuerte por ser, como antes he dicho, notas de canto.

In this lesson, we deal with the intermediary notes which are those which have the sign ∧. These notes should be pulsated with a little more force. In the seventh measure of the second part there are two notes which don't have the ∧. These are "mi" of the fifth and "re" of the same string. These are marked with a P and although they do not have an accentuation sign, they should be played a little harder.

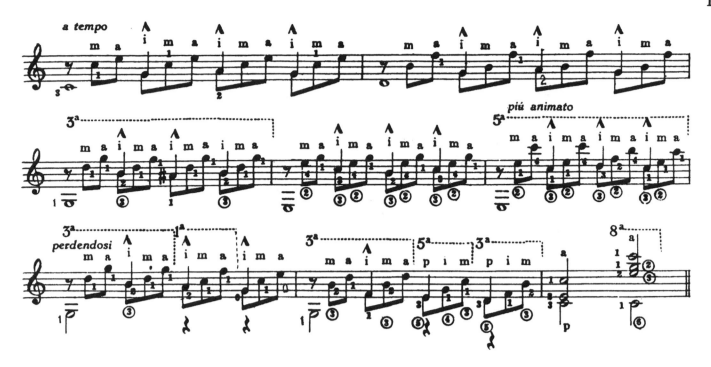

En este estudio existen dos clases de arrastres, los que nacen de los mordentes y los que nacen de notas ordinarias; en el primer caso, o sea el de los mordentes, el arrastre es rápido y la nota a la cual va, no se pulsa con la mano derecha, sino que ya se da por hecha, como por ejemplo, el primer compás de este estudio en el que, al pulsar el "do" mordente y deslizar rápedamente el dedo segundo hasta el "mi" de la segunda cuerda, ésta segunda nota ya se considera ejecutada. En el segundo caso o sea el arrastre entre notas ordinarias, como en el segundo compás, que.es un arrastre de doble nota, desde "mi" de la segunda y "do" de la tercera hasta el "re de la segunda y "si" de la tercera, estas dos últimas notas son pulsadas por la mano derecha. En general debe observarse esta regla: cuando el arrastre por su naturaleza es rápido, no se pulsa la nota a la cual va, en cambio, cuando el arrastre es despacio y cuando la nota a la cual va el arrastre está acompañada de otra u otras notas, la nota a la cual va el arrastre debe ser pulsada por la mano derecha. Debo hacer una salvedad de orden musical, al citar la palabra mordente. Según la Teoría musical de Danhauser (la más respetable a mi modo de ver), las pequeñas notitas de este estudio deben denominarse "apoyatura breve"; pues el mordente según la teoría nombrada, es la doble nota, pero como generalmente se denomina, mordente y mordente doble, al de una y al de dos notas respectivamente, yo he empleado esa denominación.

In this lesson, there are two kinds of slides. One, which you have already become acquainted with, appears in the second measure and is for ease of fingering only. The other slide, which appears in the first measure is to connect the small note to the principal note. The small note is called a grace note and takes its time value from the principal note it proceeds.

To execute this grace note and slide, play the grace note when you ordinarily would have played the principal note, immediately sliding the finger to the principle note's position. The slide is rapid and audible and produces a gliss effect.

20

En los primeros cuatro compases de este estudio, los acordes deben ser pulsados bien enteros, es decir, no deben arpagiarse y después de ser pulsados, no deben moverse los dedos de la mano izquierda, ni asentar los de la derecha sobre las cuerdas para que la duración de sus notas se haga efectiva en todo su valor. En los cuatro compases siguientes, desde el 5.° hasta el 8.°, ambos inclusives, debe tenerse cuidado de aplicar mayor fuerza en las notas acentuadas y restarle fuerza a las que no lo son. Lo antedicho debe aplicarse a todo el resto del estudio. Esta paginita es de un carácter melódico y tranquilo y con giros musicales de carácter netamente criollo argentino.

In the first four measures of this lesson the harmony should be played simultaneously with the melody. It should not be appegiated. The left hand fingers should not be lifted from the chord until it has received its full time value. In the four measures which follow don't forget to apply a little more force to the accented notes. All that was said before applies to the rest of the piece. This is a melodic tune with musical flow.

Debe observarse en este ejercicio la regularidad más absoluta del movimiento en el arpegio. En los casos que se presentan al principio, o sea cuando el arpegio va desde la prima hacia las cuerdas inferiores, la regularidad es más fácil de observar, aunque el arpegio es más difícil, pero cuando el arpegio va desde la tercera hacia la prima como en el quinto compás y siguientes, la regularidad del arpegio es más difícil porque como el movimiento de la mano derecha es más fácil, hay tendencia a apurarlo y por lo tanto, a romper la igualdad que debe existir entre ambos movimientos.

In this exercise, the student should strive for eveness and equality of notes in the arpegio. And in the fifth measure when the arpegio is inverted, the student should be careful not to interupt the flow which is established in the first four measures.

LECCION 25ª

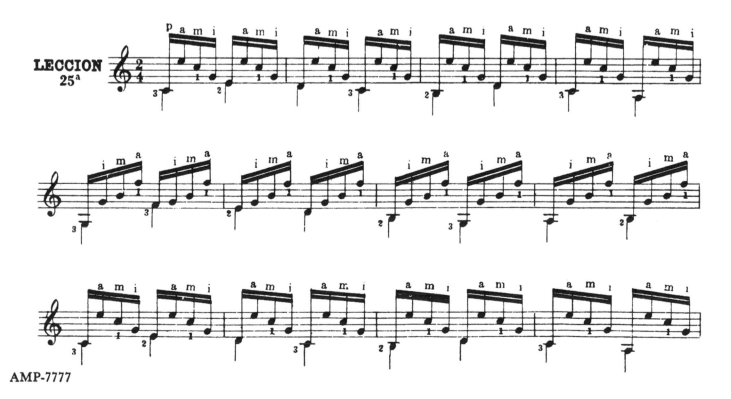

Este estudio podrá hacerlo ejecutar el maestro tocando él, conjuntamente con el alumno, el estudio N.º 35, pues aunque ambos parecen independientes, están hechos para ser tocados en dúo y a su debido tiempo, el maestro ejecutará este estudio y el alumno el número 26 para empezar así a practicar obras de conjunto y como este estudio es de un carácter más bien largo y despacioso, esta práctica resultará más fácil.

In this lesson, the student and teacher play together although both appear to be playing independently. The teacher plays Lesson 35, the student plays lesson 26. This is a long enough and an easy enough piece so that there should be good results.

Este estudio puede ser ejecutado a dos guitarras, todando el maestro el estudio N.º 56 de "Las Terceras Lecciones" para hacer práctica de conjunto. El movimiento como está indicado es el de yals lento.

This lesson is for two guitars. The teacher should play, in conjunction with the student, from lesson 56 in the Third Guitar Lesson Book. As indicated, the movement should be slow (lento).

Tiempo de vals lento

Córranse los dedos cuando se encuentren arrastres.

Let your fingers slide where indicated but without sound.

Allegretto cómodo

AMP-7777

Acentúense bien las notas del canto y córranse los dedos cuando haya arrastres.

Accentuate the notes which are marked and let your fingers slide as indicated.

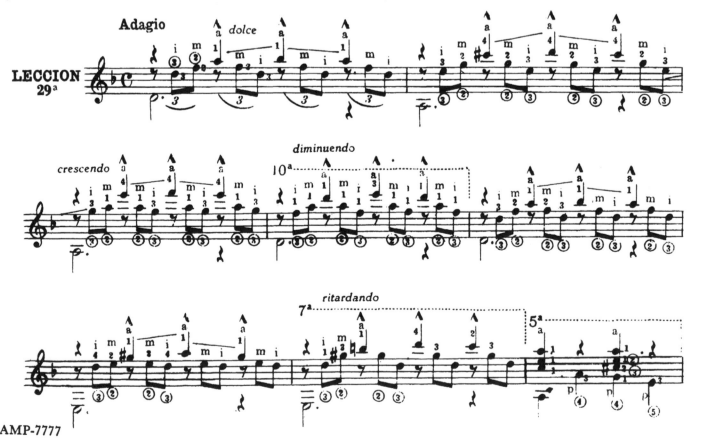

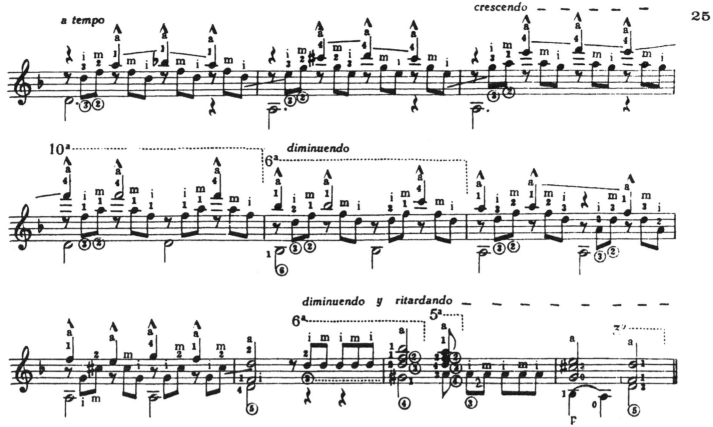

Este estudio es muy buen ejercicio para los dedos de la mano derecha.

This lesson is to excercise the fingers of the right hand.

Andantino grazioso

LECCION 30ª

(córranse los dedos en los arrastres)
(let fingers slide where marked.)

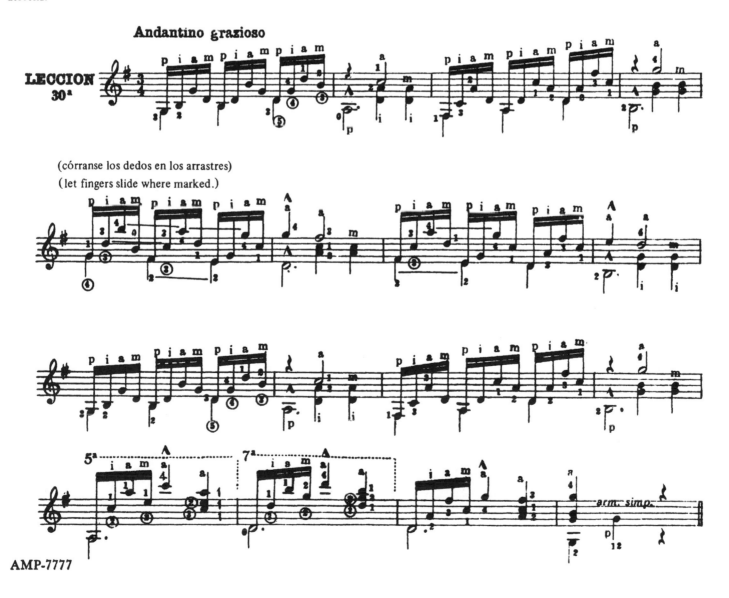

Como ya lo indiqué en el estudio N.º 22, en los arrastres de estos mordentes simples (o apoyaturas breves como las denomina la Teoría de Danhauser), la nota a la cual va el arrastre, no debe pulsarse con la mano derecha y por lo tanto el mordente es pulsado conjuntamente con el bajo que acompaña aquélla. En los casos de los mordentes ligados de los compases números 5, 6, 13, 14, 17, 18 y 21, debe prepararse la posición de la mano izquierda previamente en cada caso, pues de esta manera su ejecución será más perfecta.

In the first four measures of this lesson, refer to lesson 22 in this book. In measure 5, to execute the descending legato with the grace note, pre-fix the left hand fingers on the grace note "B" and the principle notes, "A" and "F#". With the right hand, pluck the bass note and grace note simultaneously and immediately thereafter execute the descending legato by pulling the left hand fourth finger into the palm of the hand, holding the second finger firmly in place, pressing on the "A" thàt will resound brilliantly as a result of this action. Review the descending legato in lesson 14 of this book. It is important to realize that the grace note takes its time value from the principle note it preceeds.

To produce an ascending legato, as in measure 14, press the grace note with the first finger while hammering the fourth finger in place on the principal note, thus sounding it. Again, do not use the right hand to sound the principal note E.

AMP-7777

En este estudio, como ya lo indiqué en la parte pertinente del estudio N.° 31, los mordentes o apoyaturas breves ligados, deben ser ejecutados teniendo previamente preparadas las posiciones de la mano izquierda y los mordentes deben ser pulsados simultáneamente con los bajos de las notas principales siguientes.

In this lesson, as indicated in the pertinent parts of lesson 31, the grace notes should be executed with the previous preparation of the left hand and they must be played simultaneously with the bass notes.

Debe observarse en este estudio, de una manera estricta, la digitación de la mano derecha marcada y la acentuación de las notas marcadas con el signo ∧. Debe tenerse también cuidado de restarle fuerza a todos aquellos golpes de acompañamiento que no lleven notas de canto, para que en esa forma, el canto pueda destacarse mejor.

In this lesson, you should observe the notation of the right hand markings and the accentuation of the notes marked with a ∧. Take care to bring out forcefully all the beats of accompaniment which don't carry melody notes. The sound will come out better.

Tiempo de vals

Como está indicado en el estudio N.° 26 este estudio puede ser tocado en conjunto con el citado, formando un dúo que no deja de ser agradabel, pudiendo el maestro invertir el orden en su ejecución a voluntad, es decir, tocando indistintamente uno ú otro con su alumno, para así practicar obra de conjunto.

As indicated in lesson 26, this piece should be played as part of a duo by student and teacher. The teacher may invert the order of playing if he pleases.

Andante

Recomiendo mucho en este estudio el preparar cada posición antes de atacar el ligado.

El mordente o apoyatura breve debe ser atacado con vigor aunque sin violencia y los otros dos golpes de acompañamiento de cada compás deben ser tocados muy piano para que se destaque netamente el canto.

It is recommended that the student prepair the fingers for playing of the legato in advance.

The accompaniment is to be played softer than the melody.

Tiempo de vals lento

En este estudio de mordente llamado vulgarmente mordente doble, debe pulsarse conjuntamente la primer nota del mordente y el bajo que acompaña la nota principal, la que resulta ya hecha por la mano izquierda al batir el ligado.

Debe también observarse, como ya lo tengo dicho, el correr los dedos de la mano izquierda sin levantarlos de las cuerdas, en todos los casos que están señalados los arrastres.

Before proceeding with this lesson, understand thoroughly the single grace note. To play the double grace note as in measure 1. Play the grace note "A" together with the bass note "D", then hammer the fourth finger on to the grace note "B" then pull the fourth finger off grace note "B", sounding the principal note "A". This must be done quickly. Hammering on and pulling off sounds the notes clearly without use of the right hand. Note: The second grace note "B" and the principal note "A" to which it is tied are sounded by the left hand action only--not the right hand.

The execution of the double grace note is done very quickly and the student should remember that the grace notes take their value from the principal note they proceed.

En este estudio, debe tenerse cuidado de hacer destacar el canto, dando mayor fuerza al anular de la mano derecha, que es el dedo que lo debe pulsar.

In this lesson, gently bring out the melody notes with the right hand by a rest stroke where marked. Note the difference in sound of the rest stroke itself, rather than using force to bring out the melody.

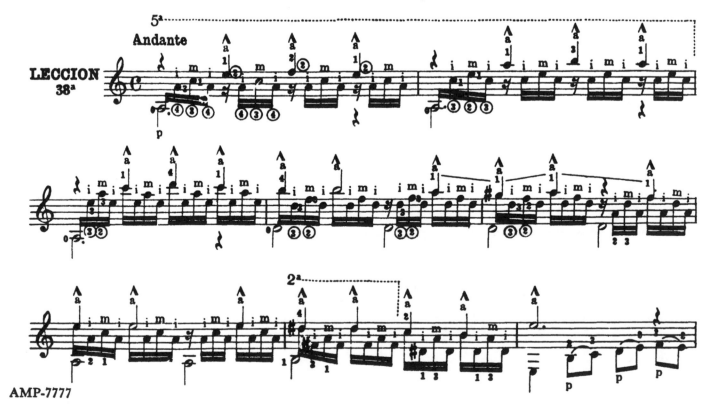

AMP-7777

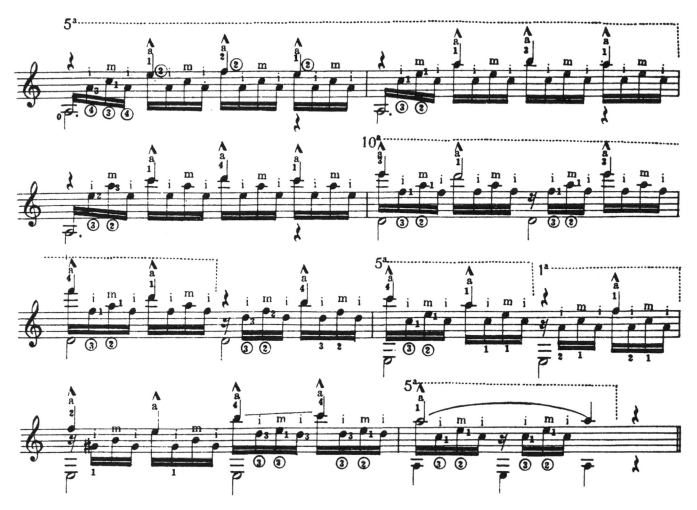

Téngase cuidado de las notas acentuadas y de correr los dedos en los arrastres.

Watch for the accented notes and slide the fingers where indicated.

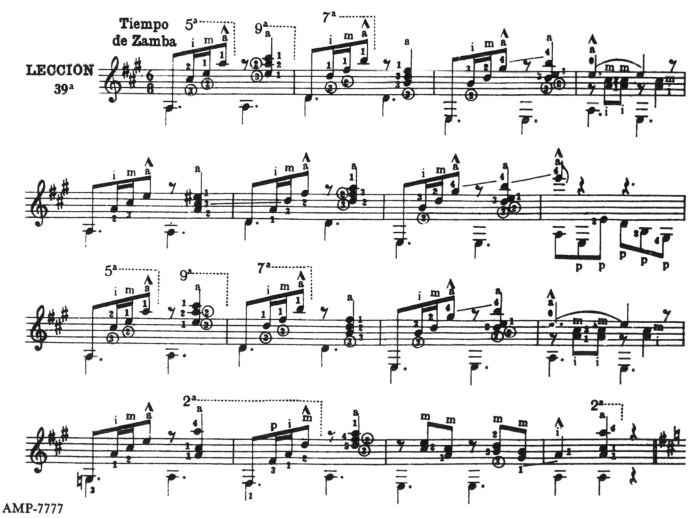

En este estudio se presenta un efecto que en guitarra se le designa con el nombre de "campanella", el que resulta al pulsar los "si" y "si " de la cuarta cuerda con el "sol" de la tercera en el primer compás; el "la" de la cuarta junto con el "sol" de la tercera y el "la" de la segunda junto con el mi de la prima y el sol de la tercera en el segundo compás, y el "la" de la cuarta junto con el "sol" de la tercera y el "la" de la quinta en el cuarto compás, de lo que se puede deducir fácilmente que la "campanella" es un efecto que se produce al pulsar ya sea conjunta o separadamente, una nota más alta en una cuerda inferior, y en otra cuerda superior, una o varias notas al aire, de lo que se ha hablado ya en el estudio N.º 6 de "Las Segundas Lecciones".

Debe observarse estrictamente la digitación de la mano derecha marcada en los casos de "campanella" antedicnos especialmente en el primer compás en el que los "si" y "si " de la cuarta son pulsados con el dedo pulgar de la mano derecha.

Note: In the fourth measure of this lesson, refer to page 6, measure 17 in this book where the same effect is explained.

Allegretto Tranquilo

LECCION 40ª

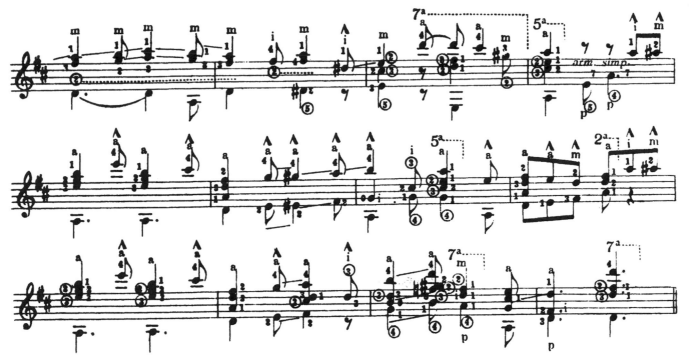

Se presenta en este estudio el efecto de "campanella" no en forma simultánea como en el estudio anterior sino sucesiva, al ejecutar en el compás N.° 22 el tresillo formado por el "fa" de la quinta, el "sol" de la tercera y el "fa" de la segunda, seguido inmediatamente del "mi" de la prima al aire del compás siguiente y en el compás N.° 30 al ejecutar el tresillo formado por el "sol" de la cuarta, el "do" de la tercera y el "fa" de la segunda seguido inmediatamente del "mi" de la prima al aire del siguiente compás.

Note similar effect as in the previous lesson by combining open strings with fingered strings.

En este estudio de terceras con ligados debe observarse más que en ningún otro el correr los dedos de la mano izquierda cuando no sea necasario absolutamente el levantarlos. A ese efecto me he tomado el trabajo minucioso de marcar con arrastres todos esos casos y creo innecesario el argumentar más sobre la ventaja que significa para el ejecutante el observar esa regla, pero se puede decir hablando en criollo, que con esa forma de ejecutar "se lleva la media arroba".

Note: Student should pay careful attention to slides of the left hand fingers and note the difference between slides and ties.

En este estudio de sextas y terceras, hago la misma recomendación que en el anterior respecto a correr los dedos de la mano izquierda.

Note: In this lesson, the left hand fingers slide whenever possible.

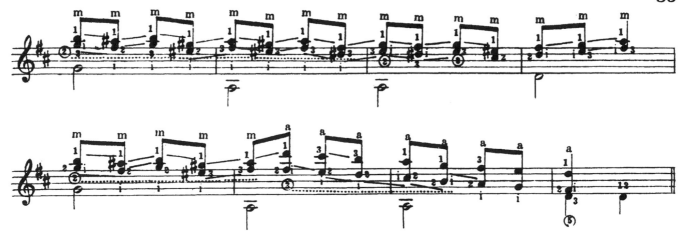

Este estudio, como se nota en seguida, es de un corte de danza oriental, muy fácil y que posiblemente será entretenido para el alumno.

En él se presentan los armónicos octavos en los bajos desde el compás N.º 24 hasta el N.º 32 y en los ocho compases finales.

Aunque creo innecesario explicar su ejecución, pues esta es la misión del maestro, ello no obstante la voy a poner a continuación.

Para ejecutar los armónicos octavados en los bajos, se pone superficialmente la yema del dedo pulgar de la mano derecha algo de costado sobre la cuerda y número de división marcado, de manera que la parte carnosa del dedo aplicada cubra un milímetro anterior y otro posterior del número de dicha división: hecho esto, se pulsa con vigor pero sin violencia con el dedo índice de la mano derecha e inmediatamente se saca el dedo pulgar para que pueda seguir sonando el armónico, debiendo tener presente que en las notas que no son al aire, después de hecho lo que antecede, no se debe mover el dedo de la mano ezquierda que preparó la nota, pues si no se observa esto, se mata el sonido.

This is a short oriental dance--easy and interesting for the student. Note: the sixth string is tuned down one full tone to D, one octave below the fourth string. In bars 26 through 33 and 50 through 57, the student is presented with the problem of producing the harmonic as in form of a bass solo. To produce this harmonic, touch the string twelve frets above where it is pressed by the left hand finger with the right thumb (touch but don't press down). Holding the thumb there, pluck the same string with the right index finger (index finger will fall between thumb and bridge). Lift the thumb immediately after the string is played by the index finger in order to allow the bell like tone to ring loud and clear.

When a harmonic is produced on an open string, the string will be touched at the twelfth fret. These stopping points are so marked.

36

AMP-7777